지은이 크리스 옥스래드

교육용 아동 서적 전문가로, 과학, 기술, 운동, 취미 분야에서 이백 권이 넘는 책을 펴냈어요.
캠핑과 흥미진진한 야외 스포츠를 좋아해서 암벽 등반이나 하이킹, 카약과 요트 타기를 즐겨 합니다.
현재 아내, 아이들, 개와 함께 영국에서 살고 있습니다.

그린이 에바 사신

런던에서 나고 자란 프리랜서 일러스트레이터로, 기억하는 이래로 그림 그리는 일을
늘 사랑하고 있어요. 책에 나온 캐릭터를 독특한 느낌으로 어우러지게 하여 깊이와 흥미를
불어넣는 것을 좋아합니다.

옮긴이 이종은

명덕외고와 성신여자대학교를 거쳐 이화여자대학교 통역대학원 박사 과정에 있어요.
평소에 어린이책에 관심이 많아서 틈틈이 번역을 하고 있어요.
번역한 책으로는 〈똥냄새 가족 1, 2, 3〉, 〈클레오파트라〉 등이 있습니다.

야생 탐험왕

2015년 9월 10일 초판 1쇄 발행
글:크리스 옥스래드 | 그림:에바 사신 | 옮김:이종은
펴낸이:강영주 | 펴낸곳:지에밥 | 디자인:장현순
등록:제2012-000051호(2011.10.20.)
주소:경기도 성남시 분당구 분당로 263번길 68, 104-205
전화:(031)602-0190 팩스:(031)602-0190
E-mail:slchan01@naver.com | 블로그:blog.naver.com/slchan01
ISBN:979-11-85646-11-4 74470
2015 ⓒ Giebap Publishing Co. all rights reserved.

BE AN EXPLORER

Senior Editor: Alice Peebles
Designer: Lauren Woods and collaborate agency
First published in Great Britain in 2015 by Hungry Tomato Ltd
PO Box 181 Edenbridge
Kent, TN8 9DP
Copyright ⓒ 2015 Hungry Tomato Ltd

이 책의 한국어판 저작권은 영에이전시를 통해 Hungry Tomato Ltd 사와의 독점 계약에 의하여 지에밥에 있습니다.
신 저작권법에 의하여 한국 내에서 보호를 받는 저작물이므로 무단 전재와 무단 복제를 금합니다.

※책 모서리에 다칠 우려가 있어요. 책을 떨어뜨리거나 던지지 마세요.
※잘못된 책은 바꾸어 드립니다.

야생에서 과학 찾기

야생 탐험왕

초등 과학 교과서에서 확인해 보세요.

3학년 1학기 4. 지표의 변화
3학년 2학기 2. 지층과 화석
4학년 1학기 3. 화산과 지진
4학년 2학기 4. 지구와 달
5학년 1학기 2. 태양계와 별
5학년 2학기 1. 날씨와 우리 생활
6학년 1학기 1. 지구와 달의 운동
6학년 2학기 3. 계절의 변화

야생에서 과학 찾기

야생 탐험왕

크리스 옥스래드 글 | 에바 사신 그림 | 이종은 옮김

차례

야생에 푹 빠질 시간!	5	보물찾기 놀이 GPS 기계로 보물찾기	16
바늘을 따라가 봐요 나침반 사용하기	6	야생에 암석 찾기 암석, 광물, 화석, 조개껍데기	18
햇빛을 이용한 기술 나침반 없이 북쪽 찾기	8	야생의 하늘 날씨 탐험하기	22
기호와 축척 지도 읽기	10	어서 피해! 궂은 날씨 피하기	24
안개 속에서도 신나게! 깜깜한 밤에도 씩씩하게! 안개와 어둠 속에서 탐험하기	12	별 관찰하기 밤하늘 보기	26
지도 만들기 야생 지도 만들기	14	알고 있나요?	30
		과학 용어 찾기	32

야생에 푹 빠질 시간!

날마다 반복되는 일상생활이 지루하다고요? 뭔가 신나는 일이 있었음 좋겠다고요?
그렇다면, 이제 우리 야생의 자연으로 떠나 봐요!
야생에서 탐험을 하고, 가슴 뻥 뚫리는 풍경을 보면서 즐거운 시간을 보내는 거예요.
그럴 결심을 했다면 이제 컴퓨터를 두고, 게임기도 끄고. 문 밖으로 나가야 해요.
그리고 이 책에 나오는 무지무지 즐거운 체험 활동을 해 보는 거예요.
도시에 살더라도 정원이나 동네 공원에서 얼마든지 야생 탐험을 할 수 있답니다.

이 책에는 야생 자연 탐험을 할 때에 꼭 필요한 방법과 기술이 담겨 있어요.
땅과 하늘에서 볼 수 있는 엄청나게 흥미로운 현상들도 발견할 수 있고요.
또 야생에서 길을 잃지 않는 방법이나 날씨 때문에 어려움을 겪지 않을
방법도 찾을 수 있지요.

위기 탈출! 야생 안전 수칙

- 어른 없이 절대로 야생 탐험을 하지 마세요.
- 이 책에 나와 있는 모든 활동을 하기 전에 우선 어른에게 물어보세요. 특히 물속이나 물 근처, 해안가로 가기 전에는 꼭 여쭤 봐야 해요. 날씨가 나쁠 때나 어둠 속에서 탐험할 때, GPS 기계를 사용할 때도 먼저 어른에게 물어보는 것을 잊지 마세요.

위기 탈출! 환경 보호 수칙

야생의 자연으로 갈 때에는 항상 환경을 생각하세요. 환경을 생각한다는 말이 무슨 뜻일까요?

- 바위, 동물, 식물에게 절대로 피해를 입히지 않아요.
- 불을 피울 때에는 특별히 신경 쓰고, 떠날 때에는 불이 잘 꺼졌는지 살펴보아요.

바늘을 따라가 봐요

나침반 사용하기

나침반은 야생 탐험에서 가장 중요한 도구예요. 나침반의 빨간 바늘 끝은 항상 북쪽을 가리켜요. 때문에 나침반을 보면 여러분이 어느 방향으로 움직이는지를 확인할 수 있는 것이지요. 나침반이 없다면 여러분은 같은 자리를 뱅글뱅글 돌게 될지도 몰라요!

디지털 나침반

실바 나침반

받침판이 있는 액체 나침반

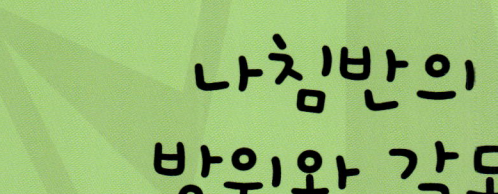
길을 찾아줘!

나침반의 방위와 각도

나침반은 북쪽, 동쪽, 남쪽, 서쪽이 어디인지 알려 줘요. 바늘 끝에 있는 빨간색 화살표는 항상 북쪽을 향하고요. 옆 그림의 나침반도 빨간 화살표가 북쪽 방향을 가리키고 있지요.

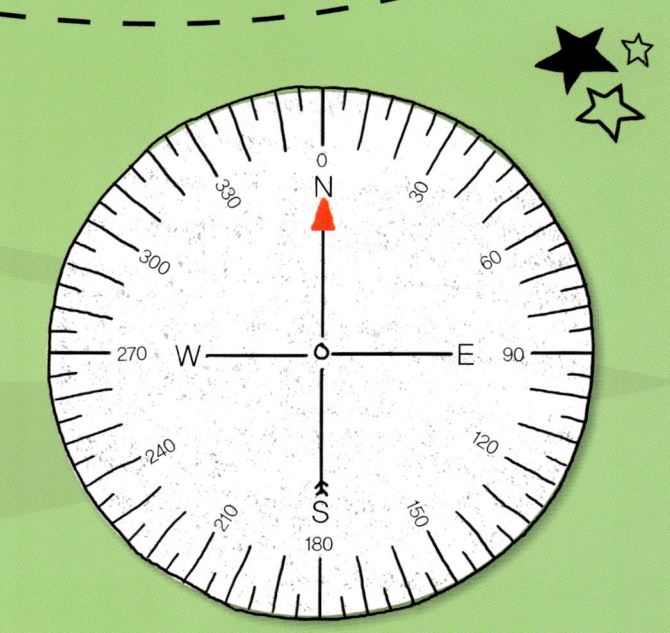

나침반 사용하기

1. 받침판이 있는 액체 나침반 사용하기: 나침반을 손바닥에 올려놓고 받침판이 뱅글뱅글 돌다 가만히 멈출 때까지 기다리세요. 그럼 N극 화살표가 북쪽을 향할 거예요. 북쪽으로 가고 싶은 사람은 몸이 N극을 바라보게 서세요. 그다음 앞으로 죽 걸어가면 북쪽으로 가는 거지요.

2. 다른 방향으로 가기: 북쪽이 아닌 방향으로 가고 싶을 때에는 어떻게 할까요? 가고 싶은 방향이 될 때까지 몸을 움직이면 되어요. 만약에 남서쪽(SE)으로 가고 싶을 때에는 몸이 남서쪽을 향하게 서세요. 그다음 앞으로 죽 걸어가면 됩니다.

3. 실바 나침반 사용하기: 다이얼을 돌려서 가고 싶은 방향과 밑판의 진행선 화살표가 직선이 되도록 맞추세요. 나침반을 평평한 곳에 놓고 바늘이 보조 지시선과 똑같은 방향을 가리킬 때까지 돌려 보세요. 그런 다음 앞으로 죽 가면 됩니다.

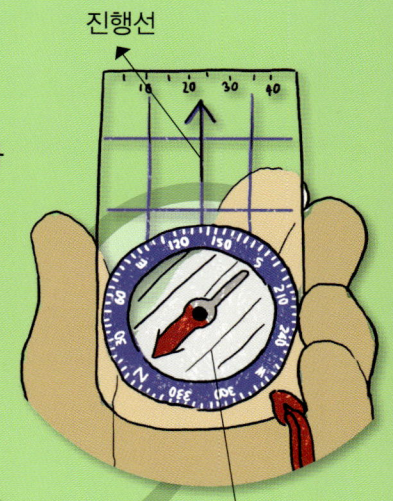

진행선

보조 지시선

나만의 나침반 만들기

나침반을 잃어버렸다고요? 걱정 마세요. 바늘과 자석만 있다면 나만의 나침반을 만들 수 있어요.

1. 바늘을 찾아서 막대 자석의 북쪽 방향에 가져다 대세요(N 표시가 되어 있는 빨간색 부분이 북쪽이에요.). 바늘을 스무 번 정도 자석에 붙였다 떼었다 해 보세요. 그러면 바늘이 자석의 성격을 가지게 되지요.

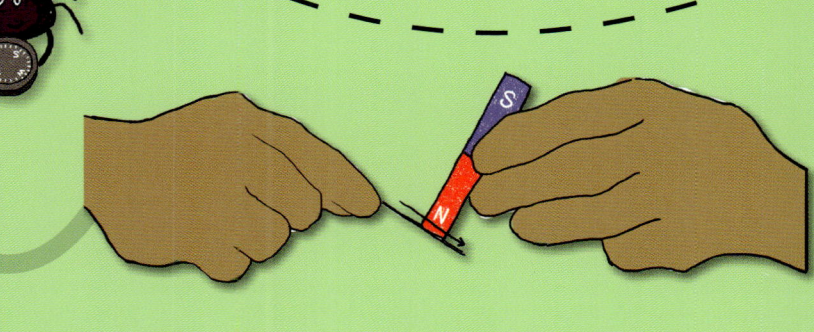

2. 물이 든 접시나 웅덩이 위에 마른 나뭇잎을 살짝 띄우고, 그 위에 자석을 올려놓으세요.

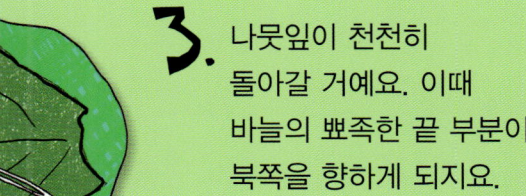

3. 나뭇잎이 천천히 돌아갈 거예요. 이때 바늘의 뾰족한 끝 부분이 북쪽을 향하게 되지요.

7

햇빛을 이용한 기술

나침반 없이 북쪽 찾기

야생 탐험을 하는데 나침반이 없으면 어떡하냐고요? 걱정 마세요. 해의 위치나 풍경을 살펴보면 북쪽이 어디인지 알 수 있어요.

그림자로 북쪽 찾기

햇빛이 좋은 날에는 나무 막대기 하나만으로도 북쪽을 찾을 수 있어요!

1. 1.2미터 정도 되는 나무 막대기를 찾아보세요. 그 정도 길이의 막대기가 없다면 잘라 만들어도 좋고요. 땅에 나무 막대기를 박아 놓고, 90도 직각을 이뤘는지 확인해 보세요. 그런 다음 나무 막대기 그림자 제일 끝을 돌로 표시해 두세요.

2. 15분 이상 기다리세요. 그림자가 점점 움직이지요? 새로운 그림자 끝에 다른 돌을 올려놓으세요. 새로운 나무 막대기를 가지고 와서 두 개의 돌과 일자가 되도록 놓아 보세요. 이 막대기가 동쪽에서 서쪽을 잇는 거예요. 북반구에서 북쪽은 이 나무 막대기와 직각이 되는 쪽으로, 그림자와는 반대 방향이지요. 남반구라면 그 반대 방향, 그러니까 그림자가 있는 쪽이 북쪽이에요.

시계로 북쪽 찾기

손목 시계만 있어도 북쪽을 찾을 수 있어요.
전자 시계가 아닌, 시침과 분침이 있는
시계가 있으면 되지요.

1. 북반구에서는 시침이 해를 정확히 가리킬 때까지 시계를 돌리세요. 이제 시계의 숫자 12 와 시침의 딱 중간에 선이 있다고 생각해 보세요. 이 선의 끝은 남쪽이고, 반대쪽 끝은 북쪽이에요.

2. 남반구에서라면 시계의 숫자 12가 정확히 해를 가리키도록 하세요. 북쪽은 숫자 12와 시침의 딱 중간에 있어요.

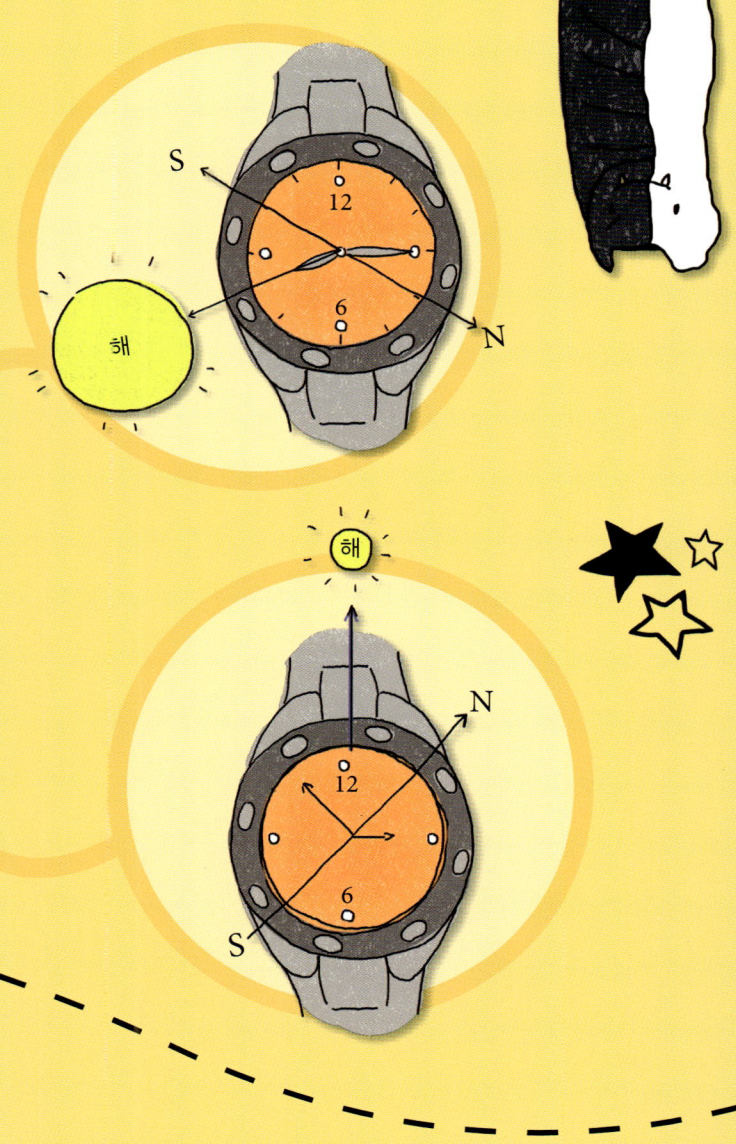

자연물로 북쪽 찾기

나침반도 없고 시계도 없다고요? 그래도 괜찮아요.
허둥지둥할 필요가 절대로 없지요.
다른 방법으로 북쪽을 찾을 수 있으니까요.

1. 북반구에서는 나무나 벽의 북쪽 방향을 보면 이끼가 다른 곳보다 더 푸릇푸릇하게 끼어 있는 것을 확인할 수 있어요. 주로 북쪽이 그늘지기 때문이지요. 남반구에서는 반대 현상이 일어나요.

2. 북반구에서는 겨울, 소복소복 쌓인 눈이 벽이나 언덕의 남쪽 방향에서 더 빨리 녹아요. 그러니까 눈이 더 많이 쌓여 있는 곳이 북쪽인 것이지요. 남반구에서는 반대 현상이 일어나요.

아하, 이 나무는 오른쪽이 북쪽이구나!

도와주세요! 녹고 있어요!

기호와 축척

지도 읽기

지도에는 우리 주변 지역에 대해 아주 많은 정보가 담겨 있어요.
길, 샛길, 강, 언덕, 그리고 계곡, 숲, 빌딩 등 모든 것이 지도에 다 있지요.
야생 탐험을 떠나기 전에 지도 읽기 기술을 익혀 두면 좋아요.

지도의 기호 살펴보기

이 기술을 익히려면 우선 여러분이
살고 있는 곳의 지도가 필요해요.

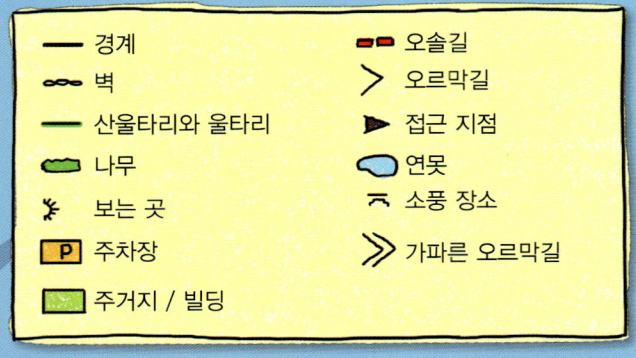

1. 지도에서 기호 설명표를 보세요. 이 표를 보면 지도의 기호가 무슨 뜻인지 알 수 있어요.

3. 지도에서 거리 재기 연습을 해 보세요. 지도에서 장소 두 개를 고르세요. 예를 들어 집과 학교, 혹은 집과 기차역 등으로요. 종이의 단면을 이 두 장소 사이에 가져다 대고 각각 표시해 두세요.

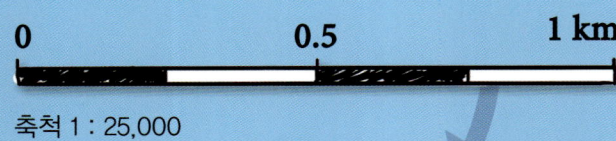

축척 1 : 25,000

2. 지도의 축척을 살펴보세요. 축척은 지도에서의 거리와 지표에서의 실제 거리와의 비율을 말해요. 예를 들어 축척이 1 대 10,000이면, 지도에서 1센티미터가 실제로는 100 미터가 되는 거죠. 위의 축척 그림에서 지도상 1센티미터는 실제로 250 미터가 되는 거예요.

4. 표시한 종이를 축척에 놓으세요. 한쪽을 0에 두고, 거리가 얼마나 되는지 확인해 보세요.

지도로 위치 찾기

지도만 있다면 맨눈으로 위치를 찾을 수 있어요. 지도에 나온 것과 실제 풍경을 맞춰 보면 되니까요.

1. 언덕 꼭대기와 같이 멀리까지 잘 보이는 곳에 서 보세요. 그런 다음 지도에서 거기가 어디인지 찾아보세요.

2. 멀리에서도 보일 만큼 큰 풍경을 지도에서 찾아보세요. 높은 빌딩이나 강, 큰길 같은 것들을 말이에요. 그런 다음 지도와 실제 풍경을 맞춰 보세요. 지도를 평평하게 펴서 돌려가면서 실제 풍경과 맞춰 보는 것이지요.

3. 모든 지도는 위쪽이 북쪽이에요. 그렇기 때문에 나침반을 가지고서도 위치를 찾을 수 있지요. 평평한 지도 위에 나침반을 올려놓으세요. 그리고 나침반 바늘이 지도의 위쪽을 가리킬 때까지 지도를 돌리세요.

나침반이 가리키는 것은 자북* 방향이에요. 이건 진짜 북쪽인 '진북'과 완전히 일치하지는 않아요.

*자북: 자석 바늘이 가리키는 북쪽 끝을 이르는 것이에요. 따라서 자북 방향은 지구 자기장의 북쪽 끝을 뜻하며, 해마다 그 위치가 조금씩 바뀌어요.

주의!

11

안개 속에서도 신나게! 깜깜한 밤에도 씩씩하게!

안개와 어둠 속에서 탐험하기

야생에서는 때때로 구름과 안개가 잔뜩 낄 때가 있어요! 그리고 밤에는 깜깜해지지요. 그러면 주변이 잘 안 보이고 아는 곳에서도 길을 잃을 수 있어요. 그럼 같은 곳을 뱅글뱅글 돌 수도 있지요!

위기 탈출! 안개 속 안전 수칙

야생을 탐험할 때에는 항상 어른과 같이 가야 해요. 특히 안개가 끼거나 어두울 때에는 더욱 그렇답니다.

안개 속에서 길 찾기

안개 속에서 길을 잃어버렸을 때 왔던 곳에 다시 돌아오지 않게 하는 방법이 있어요. 하지만 낭떠러지 같은 위험한 지형에서는 시도하지 마세요. 또한 이것은 안개가 끼지 않았을 때 연습해 두어야 해요!

1. 어느 방향으로 갈지를 정하고 나침반을 맞춰 보세요. 가려는 방향을 향해 선 다음 친구를 일직선으로 앞으로 가게 하세요. 삐뚤어지는 것 같으면 '왼쪽으로!' 혹은 '오른쪽으로!'라고 소리쳐서 친구가 똑바로 갈 수 있도록 하세요. 안개에 가려 친구가 안 보이기 바로 직전에 '멈춰!'라고 외치세요.

2. 이제 친구를 따라잡으세요. 그리고 1의 방법을 똑같이 반복하세요. 그러면 여러분은 같은 방향으로 계속 갈 수 있어요.

3. 이 방법은 밤에도 사용할 수 있어요. 손전등으로 서로를 비추어 보면서 말이에요.

방향 찾기

안개나 어둠 속에서 방향을 잃었다 해도 걱정 마세요.
이제, 방향 찾는 방법을 알아보아요.

앗, 길을 잃었어!

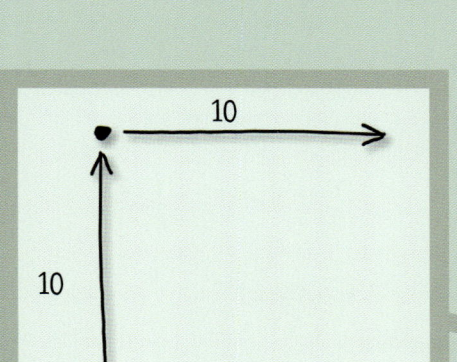

1. 전후좌우로 뱅글뱅글 도는 방식을 먼저 해 볼 거예요. 이것을 하려면 나침반이 필요해요. 북쪽이 어디인지를 찾아서 10걸음 간 다음 오른쪽으로 꺾어서 동쪽으로 10걸음 가세요.

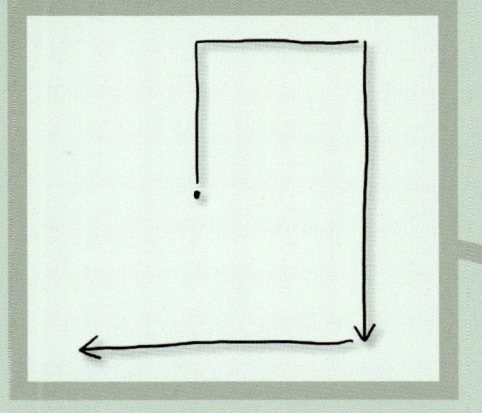

2. 다시 오른쪽으로 꺾어서 남쪽으로 20걸음 걸어가세요. 또다시 오른쪽으로 돌아서 서쪽으로 20걸음 걷고요.

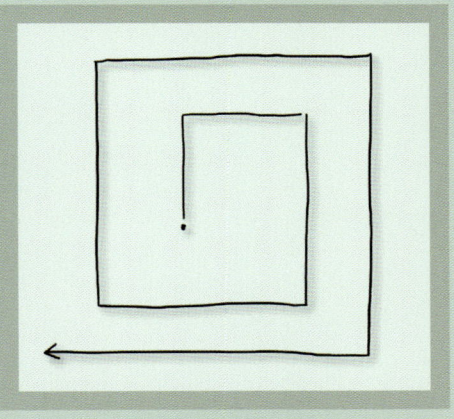

3. 1과 2를 반복하세요. 반복할 때마다 10걸음씩 거리를 넓히고요.
그러면 북쪽으로는 30걸음, 동쪽으로 30걸음, 남쪽으로 40걸음, 서쪽으로 40걸음씩 가는 거죠.

★ 여기서 1걸음은 2보입니다.

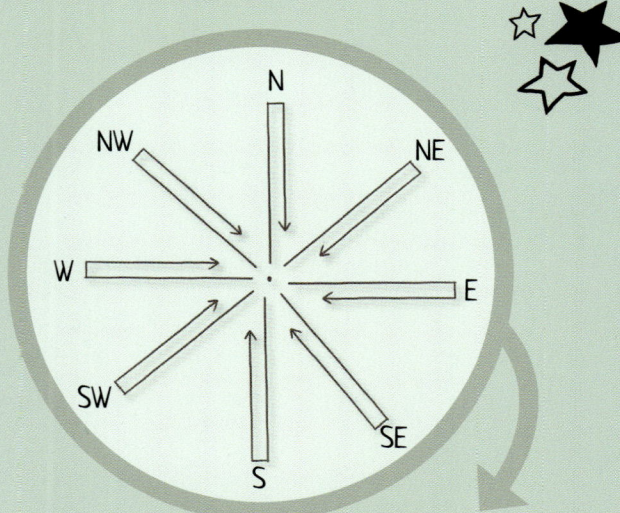

4. 이번에는 중심에서 사방으로 퍼져 나가면서 방향을 찾는 방법을 알아보아요. 편한 방법으로 여러분의 위치를 표시하세요. 땅에 막대기를 꽂을 수도 있고 작은 돌 무더기를 쌓을 수도 있고요. 북쪽으로 20걸음을 걷고서 남쪽(반대쪽)으로 방향을 돌려 되돌아가요. 표시가 있는 곳까지요. 이제 북동쪽으로 걸어 갔다가 되돌아오고, 그다음은 동쪽으로요. 이런 식으로 각 방향을 계속 오가면 된답니다.

지도 만들기

야생 지도 만들기

오래전 세계를 탐험하던 사람들에겐 지도가 없었어요. 이 탐험가들은 자신만의 지도를 만들었지요. 여러분도 나만의 지도를 만들어 보세요. 그곳이 무인도일 수도 있고 동네 공원일 수도 있겠지요!

더 높은 언덕이 필요해!

발걸음으로 거리 측정하기

지도를 만들기 위해서는 현재 위치에서 다른 위치까지 거리가 어느 정도 되는지 알아야 해요. 거리를 측정하는 것은 간단해요. 발걸음으로 알 수 있거든요. 두 위치 사이가 몇 걸음인지 세면 되지요.

80걸음 = 100미터
60초 = 100미터

1. 먼저 자신의 발걸음 폭이 얼마나 되는지 재어 보아요. 땅에 직선으로 50미터 거리를 표시하세요. (1미터 단위로 표시해 둔 테이프나 끈을 이용해요). 평소 걸음으로 50미터를 걷고 발걸음 수를 세어 보세요(오른발이 땅에 닿을 때마다 숫자를 세면 돼요). 그리고 50미터를 걷는 데까지 시간이 얼마나 걸렸는지도 재어 보세요.

2. 기록한 숫자에 2를 곱하세요. 그러면 100미터에 몇 번 걷고 몇 초가 걸리는지 알 수 있어요. 종이에 기록을 적어 두고, 거리를 측정할 때 이 숫자를 사용하세요.

땅에 지도 만들기

캠핑 장이나 동네 공원 지도를 만들어 보면 어떨까요? 지도를 만들고 싶다면 나뭇가지와 잎사귀만 있으면 되어요.

1. 지도를 만들 땅을 깨끗하게 하세요. 캠핑 장처럼 잘 보이는 장소를 표시하는 걸로 지도 만들기를 시작할 거예요. 간단한 모양으로 이 장소를 표시해 주세요.

2. 이제 또 다른 장소까지 직선으로 걸어 가세요. 예를 들면 빌딩이나 폭포로요. 몇 걸음 걸었는지를 세어 보세요. 그리고 발걸음 폭을 적어 놓은 것을 사용해서 얼마나 걸었는지 계산해 보세요.

지도는 잎사귀, 나뭇가지, 끈 등으로 만들 수 있어요.

3. 축척을 계산해 보세요. 지도에서 1미터의 길이라면 실제로는 100 미터예요. 이제 지도에 어떤 장소를 표시하고, 맨 처음 표시해 둔 장소와 거리와 방향이 얼마나 되는지 살펴보세요.

언덕에서 지도 만들기

1. 언덕은 높은 곳에 있어서 다른 장소가 멀리까지 잘 보여요. 그렇기 때문에 언덕에 올라가서 주변 풍경 지도를 그려볼 수 있지요. 종이 중앙에 언덕을 그리세요. 그다음 다른 건물이나 장소와 거리가 얼마나 되는지를 헤아려 보세요. 축척은 얼마나 할 건지 결정하고 지도에 그려 넣은 것들이 정확한 방향에 있는지 확인해 보세요. 축척을 써 넣고 어디가 북쪽인지 표시하세요.

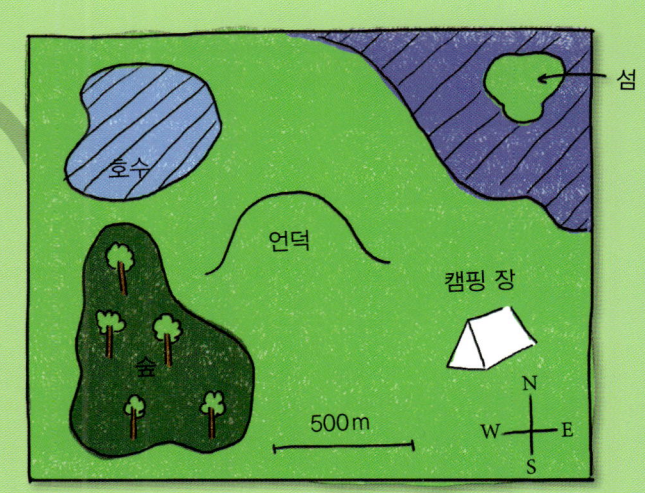

보물찾기 놀이

GPS 기계로 보물찾기

지오캐싱이란 GPS 기계를 가지고 하는 탐험 게임을 말해요. GPS 기계는 여러분이 지금 어디에 있는지 정확히 알려 줘요. 그래서 이것을 이용하면 지도에서 지금 내 위치가 어디인지도 찾을 수 있지요. GPS 기계가 있으면 가고 싶은 곳까지 길 찾기도 쉽게 할 수 있어요. 지오캐싱을 하면 GPS를 사용하는 기술을 연습하고 익힐 수 있지요.

GPS란 무엇인가요?

GPS는 Global Positioning System (위성 위치 확인 시스템)의 약자입니다. GPS 기계는 위성에서 신호를 받아서 위도와 경도를 계산하고 위치를 알아내요. 어떤 GPS 기계는 길을 찾는 용도로만 쓰기도 하는데 휴대 전화로도 할 수 있어요.

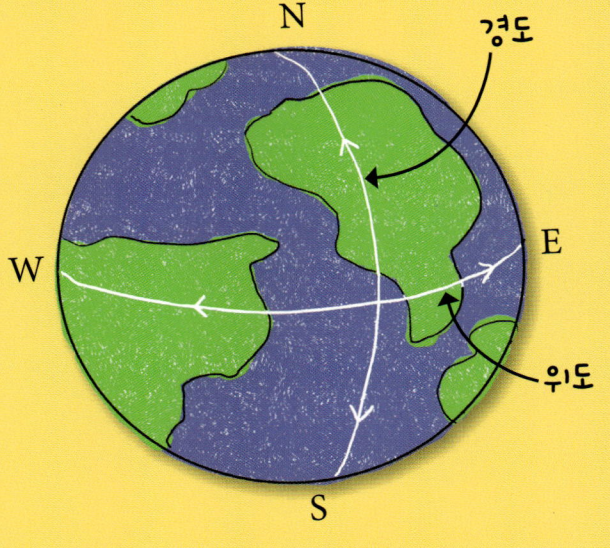

위도와 경도를 알면 여러분이 지금 지구의 어디에 있는지 알 수 있어요. 경도는 북에서 남으로 지구의 위아래를 나누는 것이고, 위도는 동에서 서로 지구를 두르는 것이지요. 지도에서 경도는 아래위로, 위도는 좌우로 표시되어 있어요.

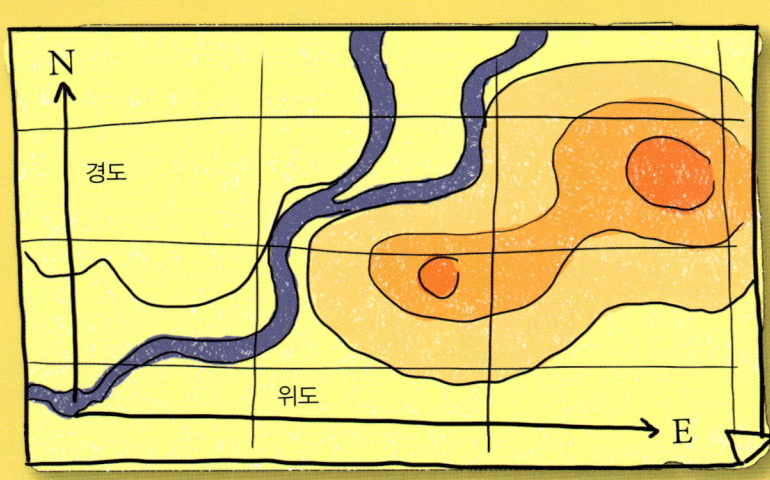

지오캐싱 보물 숨겨 두기

1. GPS 기계를 켜세요(어른에게 도와 달라고 얘기하세요.). 보물을 숨기기에 좋은 장소를 찾아보세요. 큰 나무의 나뭇가지 사이 같은 곳 말이에요. 보물을 플라스틱 상자 안에 넣으세요. 보물을 보호할 수 있기 때문이지요. 첫 번째 숨겨 놓은 곳이 어디인지 설명을 써 놓으세요. GPS 기계에 나오는 위도와 경도를 적으면 되지요.

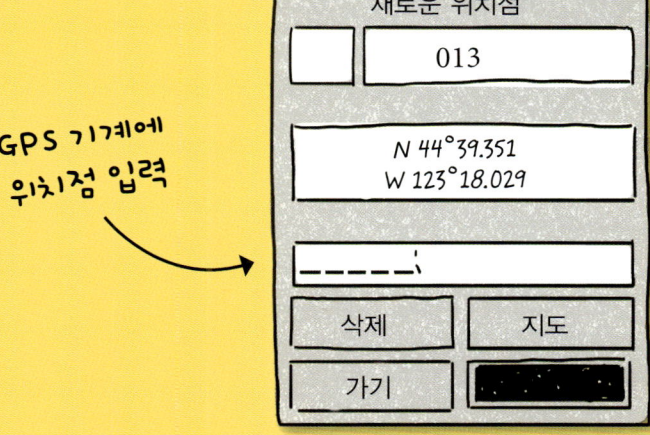

GPS 기계에 위치점 입력

2. 보물을 숨겨 놓을 장소를 더 찾아보세요. 찾을 때마다 위치를 찾을 실마리가 될 만한 정보를 적고 위도와 경도를 적으세요.

3. 숨겨 놓은 곳을 적은 종이를 친구에게 주세요. 여기에는 GPS 기계에서 받은 위도와 경도가 꼭 써 있어야 해요. 위치점을 입력하고 위치점의 이름을 정하세요.

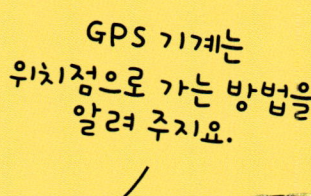

GPS 기계는 위치점으로 가는 방법을 알려 주지요.

4. 이제 GPS 기계를 사용해 보물을 숨긴 장소를 찾아보세요.

5. GPS 기계의 화살표를 따라 가면 위치점으로 갈 수 있어요.

6. 마지막으로 보물을 모두 찾았는지 확인해 보세요.

야생에서 암석 찾기

암석, 광물, 화석, 조개껍데기

야생 탐험을 하는 동안에는 큰 돌을 기어오르기도 하고, 돌을 던지거나 뛰어넘을 수도 있어요. 가끔은 돌에 걸려 쿵 넘어질 수도 있지요. 그러니까 배낭에 돋보기를 넣고 탐험을 떠나면 좋겠지요? 돋보기로 돌을 샅샅이 들여다보세요. 운이 좋으면 엄청난 암석과 광물을 발견할 수 있을 거예요.

서로 다른 암석의 종류 구별하기

> **암석의 종류가 궁금해!**
>
> 암석은 세 가지 종류가 있어요.
> - 화성암은 용암이 식어 차갑게 되면서 굳으며 만들어진 돌이에요.
> - 퇴적암은 모래나 진흙이 층층이 쌓여 만들어진 돌이에요.
> - 변성암은 화성암이나 퇴적암이 높은 온도나 심한 압력을 받아 변한 돌이에요.

화성암의 한 종류인 화강암의 광물질

1. 광물질이 보인다면 이 돌은 화성암이에요. 화성암의 광물질을 자세히 들여다보려면 돋보기가 필요할 거예요. 화성암은 입자가 빽빽하게 들어 있어 단단하고 무겁지요.

변성암의 한 종류인 편마암의 색깔 줄무늬

퇴적암의 한 종류인 사암 층

3. 암석이 모래 색깔이고 안에 모래 알갱이가 들어 있는 것 같다면 이것은 퇴적암이에요. 퇴적암은 꽤 물러서 깨지기 쉬워요.

2. 광물질이 납작하면서 녹은 것처럼 보이고 서로 섞여 있는 모습이라면 이것은 변성암이에요. 변성암은 입자가 줄무늬 모양을 하고 있어요. 변성암도 화성암과 마찬가지로 매우 단단해요.

4. 퇴적암 층이 접히고 구부러진 것도 볼 수 있어요.

암석 구분하기

현무암

석회암

하하, 화석이 됐지롱!

대리석

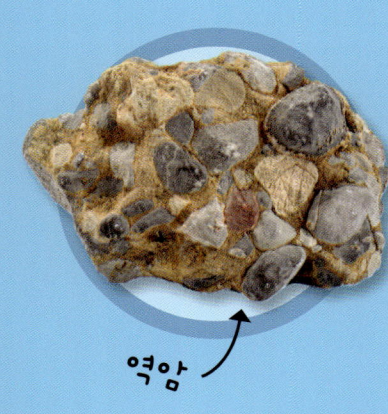
역암

편암

광물 구분하기

암석과 광물, 어디서 찾을까?

암석은 언덕, 강둑, 해안에서 찾는 것이 좋아요. 절대로 가파른 절벽, 광산, 채석장에서 암석을 찾으면 안 돼요!

화성암을 보세요(화강암도 여기에 해당해요.). 여러 광물질의 결정을 볼 수 있지요.

화강암의 광물질
- 장석(갈색)
- 석영(흰색)
- 흑운모(검은색)

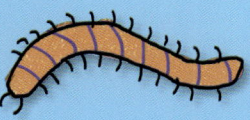

19

용암에서 도망치기

화산은 암석을 찾기 좋은 장소예요.
그렇지만 화산이 터지면 큰일이죠!
화산이 폭발하면 어떤 일이 생길까요?

1. 용암탄이 하늘로 날아가요. 용암이 하늘에서 떨어지면 얼른 달려서 용암을 피해야 하지요.

2. 일반적으로 여러분은 용암보다 빨리 달릴 수 있어요. 그러니까 나무에 올라가거나 건물로 피하지 말고 뛰어서 도망치세요. 용암은 나무나 건물을 금세 바삭바삭하게 만들어 버릴 정도로 매우 뜨거워요!

뛰어! 용암이야!

위기 탈출! 화산 안전 수칙
절대로 전문 가이드 없이 화산 탐험을 하지 마세요.

조개껍데기 찾기

해변에 가면 여러 종류의 조개껍데기를 찾을 수 있어요. 조개껍데기는 단단해서 바다 생명체를 보호하는 역할을 하지요. 조개가 붙어 있는 돌을 찾을 수도 있을 거예요.

맛조개 껍질

새조개 껍질

소고둥 껍질

홍합 껍질

삿갓조개 껍질

20

화석 찾기

아주 옛날에 있었던 식물과 동물이 돌에 남아 있는 것을 화석이라고 해요. 여러분이 화석을 찾는다면 엄청나게 오래된 동물의 뼈를 보고 있는 것이지요!

화석이 만들어지는 과정이 궁금해!

화석은 퇴적암에서 발견할 수 있어요. 죽은 동물이나 식물의 잔해가 퇴적층에 끼어 있다가 만들어지지요. 이 퇴적층이 엄청나게 오랜 시간을 지나면 돌이 되는데 그게 바로 화석이에요.

1. 퇴적암이 드러나는 층에서 화석을 찾을 수 있어요. 특히 해변가에 많이 있답니다. 건물을 지을 때 사용하는 석회석과 셰일에서도 찾을 수 있어요. 암석을 조심해서 관찰해 보세요. 그리고 돌을 깨서 평평한 면을 살펴보세요.

암모나이트 화석

바다나리 화석

상어 이빨 화석

완족류 화석

양치식물 화석

으, 꼼짝할 수 없어!

2. 개울에서 화석을 찾으면 진흙을 닦아 내세요. 그런 다음 깨끗하게 잘 말려서 집에 가져오세요. 그리고 이 화석을 언제 어디서 찾았는지 알 수 있도록 표시를 붙여 놓으세요.

야생의 하늘

날씨 탐험하기

바깥으로 나갈 때마다 '오늘 날씨 어떨까?' 신경 쓰이지요? 그런데 하늘을 찬찬히 올려다보면 날씨가 어떻게 변할지 알 수 있답니다.

나무를 확인해야 해!

구름 살펴보기

하늘에 둥둥 떠 있는 구름 모양을 본 적이 있나요? 구름을 보면 날씨가 어떨지 알 수 있어요.

- 적란운
- 권운
- 권적운
- 적운
- 고적운
- 고층운
- 난층운
- 층적운

오, 저기 봐! 스컹크야!

비 오는 것 미리 알기

구름 중에 어떤 것은 비가 오는 것을 미리 알려 주어요. 오른쪽 그림의 파란 하늘에 떠 있는 권운을 보세요. 권운이 떴다는 것은 곧 날씨가 변할 것이라는 것을 알려 주어요. 그러니까 몇 시간 안에 비가 온다는 것을 미리 알 수 있지요.

우량계 만들기

비 오는 양을 재는 기계인 우량계를 만들어 보아요.

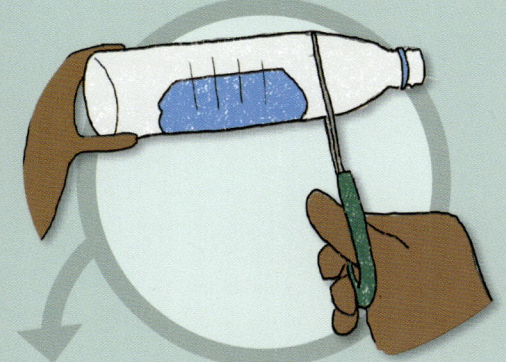

1. 큰 페트병의 입구 부분을 잘라 내세요.

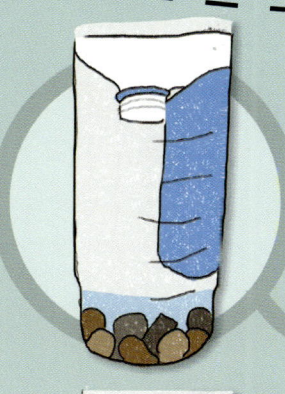

2. 페트병 안에 몇 개의 돌을 넣어 우량계가 넘어지지 않게 하고, 맨 아랫부분 굴곡진 곳까지 물을 채워 넣으세요. 펜으로 물의 높이를 표시하고, 잘라 놓은 페트병 입구 부분을 페트병 안으로 뒤집어 넣으세요.

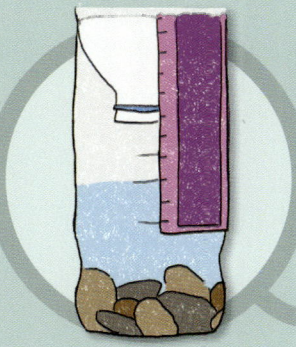

3. 빗물이 우량계 안으로 잘 떨어질 수 있는 바깥 장소에 내놓으세요. 매일 같은 시각에 물 높이를 확인하세요. 그러면 어제 높이와 비교할 수 있지요. 매일매일 기록하는 것도 잊지 마세요.

바람 부는 곳 알기

우세풍이라는 말은 그 지역에서 가장 많이 부는 방향의 바람을 뜻하는 것이에요. 나무를 보면 우세풍 방향이 어느 쪽인지 알 수 있어요

1. 언덕의 나무가 구부러져 있다면 어느 방향인지를 보세요. 나무가 구부러지는 방향은 바람이 주로 어디서 불어오는지를 보여 줘요. 각도기로 바람이 오는 각도를 재어 보세요.

어서 피해!

궂은 날씨 피하기

천둥과 번개는 매우 위험해서 우리 목숨을 앗아 갈 수도 있어요. 그러니까 야생 탐험을 하다가 궂은 날씨를 만나게 될 때에는 어떻게 피해야 할지 꼭 알아 두세요.

아야!

천둥과 번개 예상하기

1. 야생을 탐험할 때 하늘을 항상 지켜보세요. 생명을 지키기 위해 꼭 필요하지요. 오른쪽 그림처럼 모루(대장간에서 쇠를 올려놓고 두드릴 때 받침으로 쓰는 쇳덩이)모양이라면 뇌우가 진행된다는 뜻이에요.

2. 번개가 보이고 나서 천둥소리가 들릴 때까지 몇 초가 걸리는지 세어 보세요. 이것으로 폭풍우가 얼마나 멀리 있는지 알 수 있지요.

적란운은 천둥과 번개를 몰고 와요.

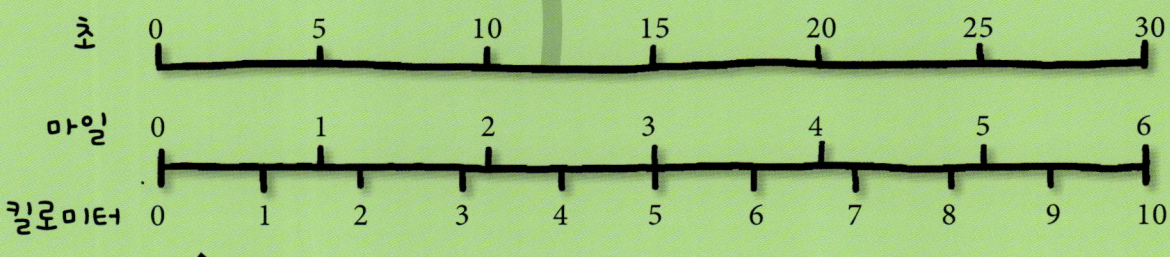

천둥과 번개 사이의 시간이 얼마나 되는지 확인해 보세요. 위쪽 눈금에서 몇 초인지를 확인하고, 아래쪽 눈금에서 거리를 확인해요. 그러면 폭풍우가 얼마나 멀리 있는지 알 수 있어요.

야생에서 번개 피하기

폭풍우가 점점 다가오고 있을 때 어떻게 피하면 될까요?

폭풍우가 칠 때 안전한 장소와 안전하지 않은 장소

1. 가능하다면 건물 안이나 차 안으로 들어가세요. 큰 비를 피하려고 나무나 우산 아래로 가면 안 돼요. 번개가 그쪽으로 몰리기 때문에 위험하답니다.

번개가 칠 때 산에서 앉아 있기 좋은 장소

2. 번개는 주로 언덕으로 치기 때문에 지금 언덕 정상에 있다면 서둘러 빨리 내려오세요. 절벽이나 동굴에서도 떨어져 있어야 해요. 절벽으로 번개가 통할 수 있기 때문이에요. 사방이 뚫려 있는 공간도 피하는 것이 좋아요.

3. 만약에 사방이 뚫려 있는 장소에 있다면 가방을 깔고 발과 손을 땅에서 뗀 상태로 앉아 있으세요.

별 관찰하기

밤하늘 보기

야생으로 나가면 밤하늘에 반짝이는 별을 많이 볼 수 있어요. 야생에는 별을 잘 안 보이게 만드는 인공 불빛이 없기 때문이에요. 망원경을 가지고 있으면 맨눈으로 볼 때보다 별을 자세히 관찰할 수 있어요.

별자리 찾기

별자리는 하늘의 별이 모여 만든 모양이에요.

1. 북반구에서는 시간과 날짜에 따라 다음 별자리들을 볼 수 있어요.

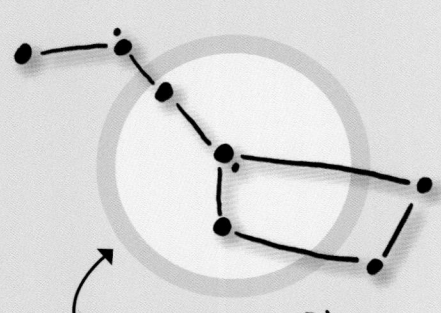

북두칠성으로도 알려진 큰곰자리는 큰 국자 모양이에요.

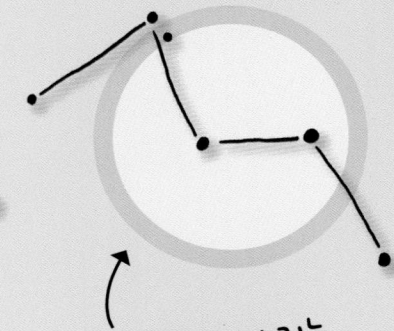

카시오페이아자리는 큰 M자나 W자 모양이에요.

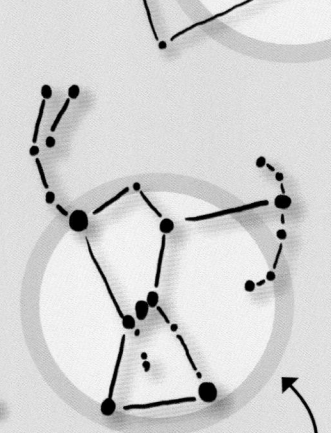

오리온자리는 모래시계 모양으로 빛나는 허리띠를 하고 있어요.

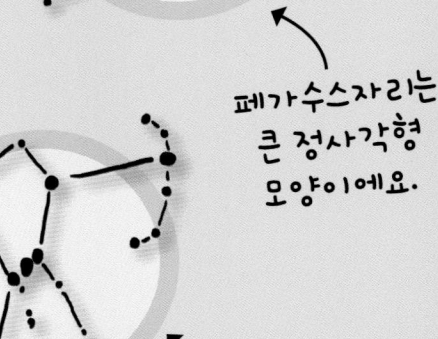

페가수스자리는 큰 정사각형 모양이에요.

2. 남반구에서는 시간과 날짜에 따라 다음 별자리들을 볼 수 있어요.

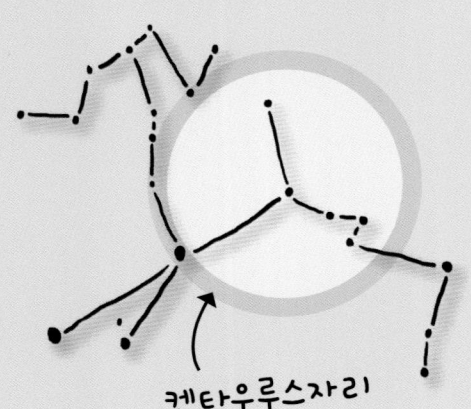

켄타우루스자리

크룩스(남십자)자리

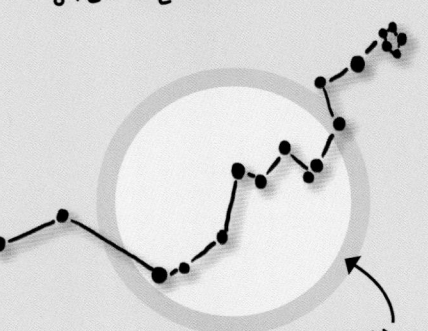

히드라(바다뱀)자리

3. 남반구에서는 두 개의 빛나는 얼룩을 볼 수 있어요. 이것은 마젤란은하라고 불리는 두 은하예요.

은하 보기

은하는 아주 캄캄한 하늘에서 볼 수 있는 빛의 띠를 말해요. 이 빛은 엄청나게 많은 별이 내뿜는 것이지요.

북극성 혹은 남십자성으로 길 찾기

별을 통해 길을 찾을 수 있어요.
어떤 별은 항상 북쪽 혹은
남쪽을 가리키기 때문이지요.

1. 북반구에서는 큰곰자리를 찾아보세요. (오른쪽 그림 참고) 국자 끝의 두 별 사이에 가상의 선을 그으세요. 그 선의 5배만큼을 가면 밝은 별이 하나 있는데, 이것이 북극성이에요. 작은곰자리이자 폴라리스라 부르는 것이지요.

2. 남반구에서는 남십자성을 찾으세요. (오른쪽 그림 참고) 그런 다음 남십자성 옆에 있는 서로 다른 두 개의 빛나는 별을 찾으세요. 이 두 별과 남십자성 사이에 상상의 선을 그어서 이들이 정확히 만나는 점이 바로 남쪽이에요.

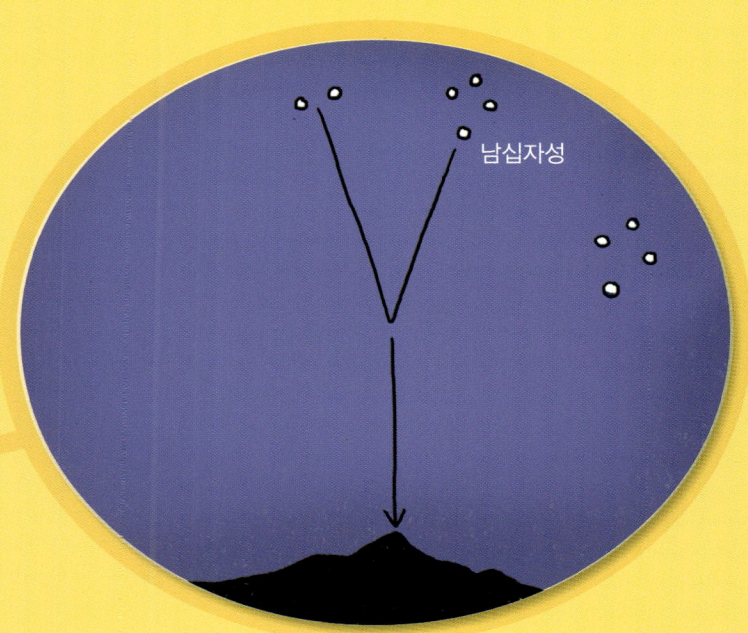

달 관찰하기

달은 밤하늘을 밝게 비추어 주어요.
달의 생김새는 맨눈으로도 볼 수 있지만,
망원경을 통해서 보면 더 많은 것을 볼 수 있지요.
맑은 밤하늘에서 달을 바라보아요.

- 플라토 분화구
- 소나기의 바다
- 맑음의 바다
- 코페르니쿠스 분화구
- 고요의 바다
- 위난의 바다
- 폭풍의 대양
- 티코 분화구

1. 달을 보기에 가장 좋은 자세는 의자에 앉거나 등을 대는 거예요. 그러면 머리를 고정할 수 있으니까요. 이제 달의 밝은 부분과 어두운 부분을 보세요. 어두운 부분은 바다라고 불러요. 맨 처음 이것을 발견한 천문학자가 여기에 물이 가득 차 있을 거라고 생각했거든요. 바다 모양이 조금씩 다르게 생겼지요? 그리고 큰 분화구인 티코에서 퍼져 나가는 먼지층도 볼 수 있을 거예요.

2. 망원경의 렌즈를 이리저리 돌려 보면 수십 개의 분화구를 볼 수 있을 거예요. 달 지도를 보면서 분화구가 어떤 것인지 확인해 볼 수 있어요. 어두운 곳과 밝은 곳 사이의 선을 보세요. 이것을 명암 경계선이라 부르지요. 이 경계선의 표면에서는 분화구의 세세한 부분까지 볼 수 있어요. 이때, 망원경을 삼각대에 올려놓고 보는 것이 좋아요.

명암 경계선

달 모양 관찰하기

여러분은 달 모양이 매일 밤마다 조금씩 달라지는 것을 봤을 거예요. 시시각각으로 달라지는 달의 모양을 기록해 볼까요?

1. 종이에 동그란 원을 여러 개 그리세요. 첫 번째 원 안에 그날 밤 달의 모양을 그려 넣으세요. 그리고 매일 밤마다 원 안에 달의 모양을 기록해 보세요. 달을 볼 수 없는 날에는 원에 × 표시를 하면 되지요.

2. 며칠이 지나고 원의 밝은 부분이 꽉 차면 이제 달은 작아질 거예요.

먹을 것이 좀 있는지 확인하세요.
달을 관찰하다 보면 배에서
꼬르륵 소리가 날 테니까요.

여기서 잠깐!
달 모양으로 북쪽 찾기

달 모양을 보면 어디가 북쪽인지 남쪽인지 찾을 수 있어요!
보름달이 뜨면 9쪽의 '시계로 북극 찾기' 방법을 사용해 보세요.
해 대신 달이 시침을 가리키도록 하면 되지요.

알고 있나요?

★ 1804년 미국인 탐험가 메리웨더 루이스와 윌리엄 클라크는 처음으로 전체 북미 대륙 탐험을 했어요. 11,200킬로미터를 탐험하는 데 1년 반이 걸렸지요.

★ 나침반 바늘은 항상 나침반의 북쪽을 의미하는 자북을 가리켜요. 자북은 동그란 모양으로 천천히 움직이는데, 일 년에 11킬로미터 정도지요. 지금 자북극은 캐나다 북부에 있어요.

★ 진짜 북쪽인 진북과 나침반의 북쪽인 자북의 에는 차이가 있어요. 실제 북극에서는 나침반이 항상 남쪽을 가리켜요.

★ 땅속에 있는 자성이 있는 암석이 나침반 바늘에 영향을 줘요. 그래서 나침반은 항상 진짜 북쪽을 가리키지 못하는 거예요.

★ 자철석은 철을 많이 가지고 있는, 자성을 가진 돌이에요. 최초의 나침반은 끈에 자철석을 매달아 만들었어요. 그래서 자철석은 항상 같은 방향을 향해요.

★ 1960년에 GPS와 내비게이션이 발명되기 전까지 바다로 멀리 나갔을 때 위치를 알 수 있는 유일한 도구는 해와 별이었어요.

★ 최초의 세계 지도에는 북아메리카, 남아메리카, 오세아니아, 남극 대륙이 없었어요. 지도를 만든 사람이 이 대륙이 있는지 몰랐기 때문이에요.

세계 지도가 뭔가 이상해!

★ 해적 보물 지도가 존재했다는 증거는 어디에도 없어요. 지도에서 큰 X자 표시가 있는 곳에 보물이 묻혀 있다는 이야기는 1883년 로버트 루이 스티븐슨이 쓴 〈보물섬〉이란 책에서 나온 것일 뿐이에요.

★ GPS 기계를 이용해 보물찾기 놀이를 하는 지오캐싱은 2000년 미국의 데이브 월머가 재미로 시작했어요. 지오캐싱 보물은 주로 미국에 많고 백만 개가 넘는다고 해요.

★ GPS 시스템은 1960년 미국 군대에서 만들었어요. 처음 만들었을 때에는 일급 비밀이었지만 지금은 누구든 사용하지요. 군대의 GPS 수신기는 30센티미터 거리의 위치도 측정할 수 있어요.

★ 지구는 45억 년 전 만들어졌고 지금까지 발견된 것 중에서 가장 오래된 화석은 35억 년 전 만들어진 것이에요. 이 화석은 아주 작은 미생물인데, 오스트레일리아에서 발견됐지요.

★ 세계에서 가장 오래된 암석은 오스트레일리아 서부에 있어요. 이것은 44억 년 전에 생긴 것으로 추정되는데, 지구 나이가 1억 5천 년일 때 만들어진 거예요.

★ 1977년에 아프리카 콩고에서 폭발한 니라공고라는 화산에서 나온 용암은 시간당 60 킬로미터의 속도로 흘렀어요.

★ 좋은 망원경으로는 달의 분화구를 3만 개 정도 볼 수 있어요. 그런데 달에는 망원경으로도 안 보이는 수천 개의 분화구가 더 있어요. 가장 큰 분화구는 베일리라고 부르는데 직경이 3백 킬로미터나 되지요.

과학 용어 찾기

ㄱ
경도 16
광물 19
구름 22~24
기호 10

ㄴ
나침반 6~7
날씨 22~25
남십자성 27

ㄷ
달 관찰 28~29

ㄹ
렌즈 28

ㅁ
망원경 26~29
명암 경계선 28

ㅂ
번개 24~25
별 26~27
별자리 26~27
보물찾기 16~17
북극 6, 11, 30
북극성 27
북미 대륙 탐험 30

ㅅ
시계 9, 29

ㅇ
암석 18~19
용암 20, 31
우량계 23
위도 16
은하 27

ㅈ
자북 11, 30
자석 7
자성 30
조개껍데기 20
지도 10~11, 14~15
지오캐싱 16~17, 31
GPS 16~17, 31

ㅊ
천둥 24~25

ㅌ
티코 분화구 28

ㅍ
폴라리스 27
플라토 분화구 28

ㅎ
화산 20, 31
화석 21, 31